Este libro está dedicado a la Sra. Johnson.

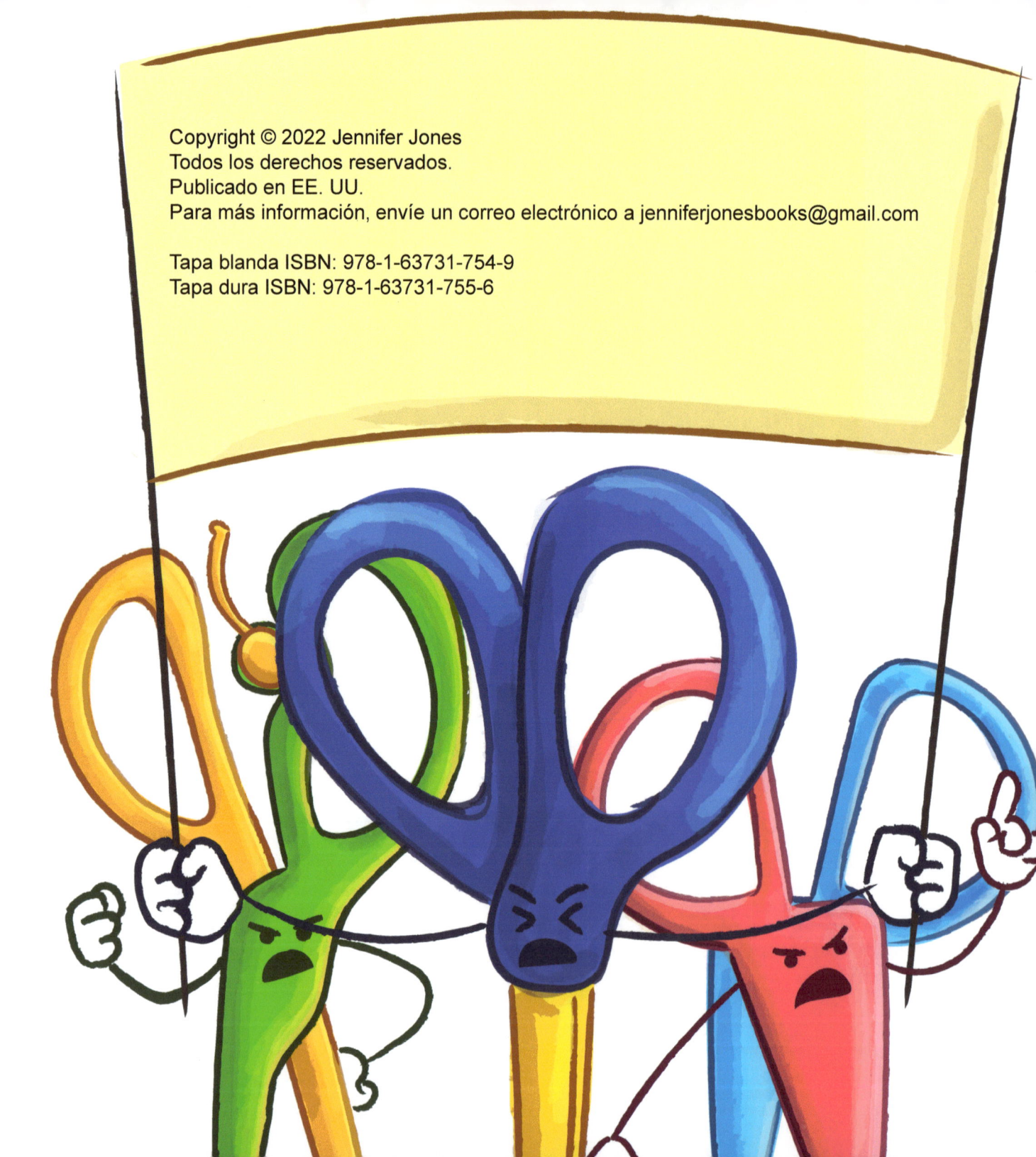

Copyright © 2022 Jennifer Jones
Todos los derechos reservados.
Publicado en EE. UU.
Para más información, envíe un correo electrónico a jenniferjonesbooks@gmail.com

Tapa blanda ISBN: 978-1-63731-754-9
Tapa dura ISBN: 978-1-63731-755-6

¿Has pensado alguna vez cómo se sienten las tijeras
cuando no las estás usando?
Metidas en tu estuchera
Para usarlas sin saber cuándo...

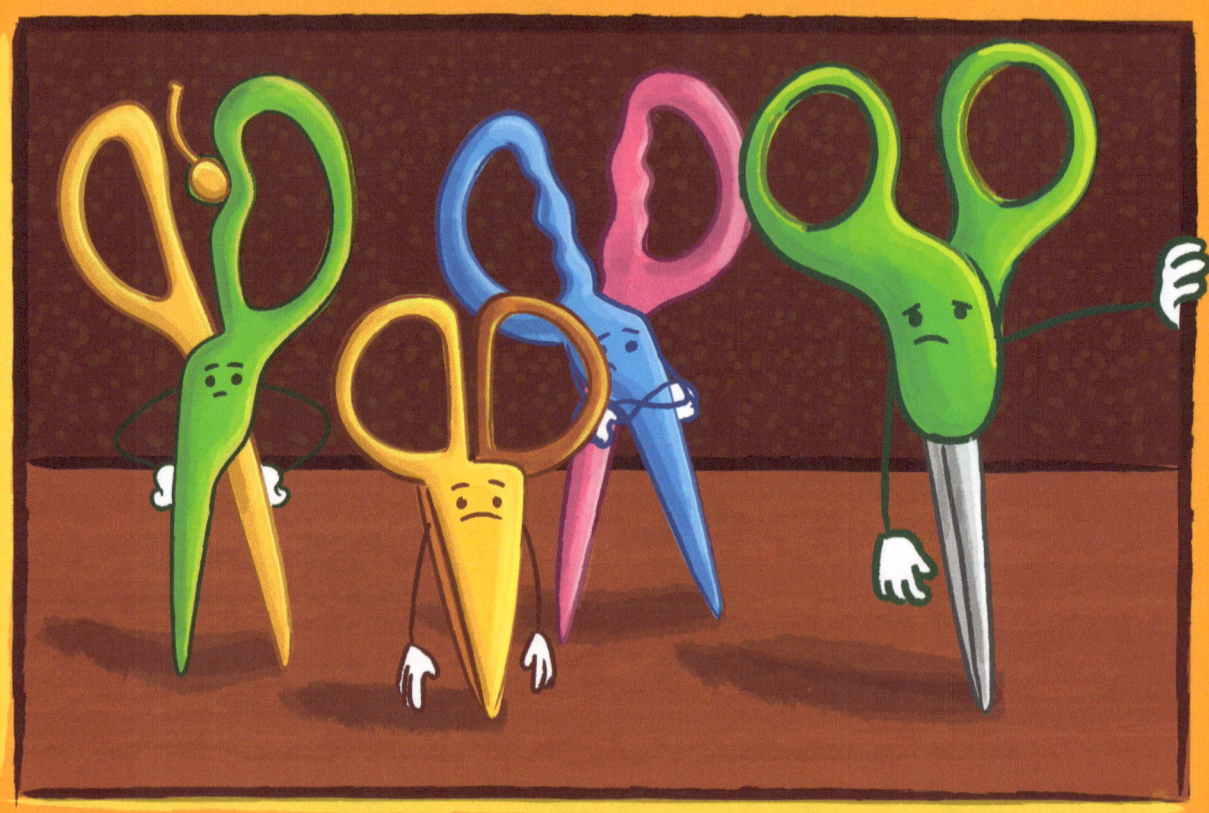

Primero nos agarran mal.
Caminan con nuestras puntas hacia afuera,
Que es la forma más fácil de hacerse daño.
¡no debe hacerse de ninguna manera!

Nos hacen girar sobre sus dedos,
Lo que nos da grandes dolores de cabeza.
Apenas se toman un momento
Para tomarnos con firmeza.

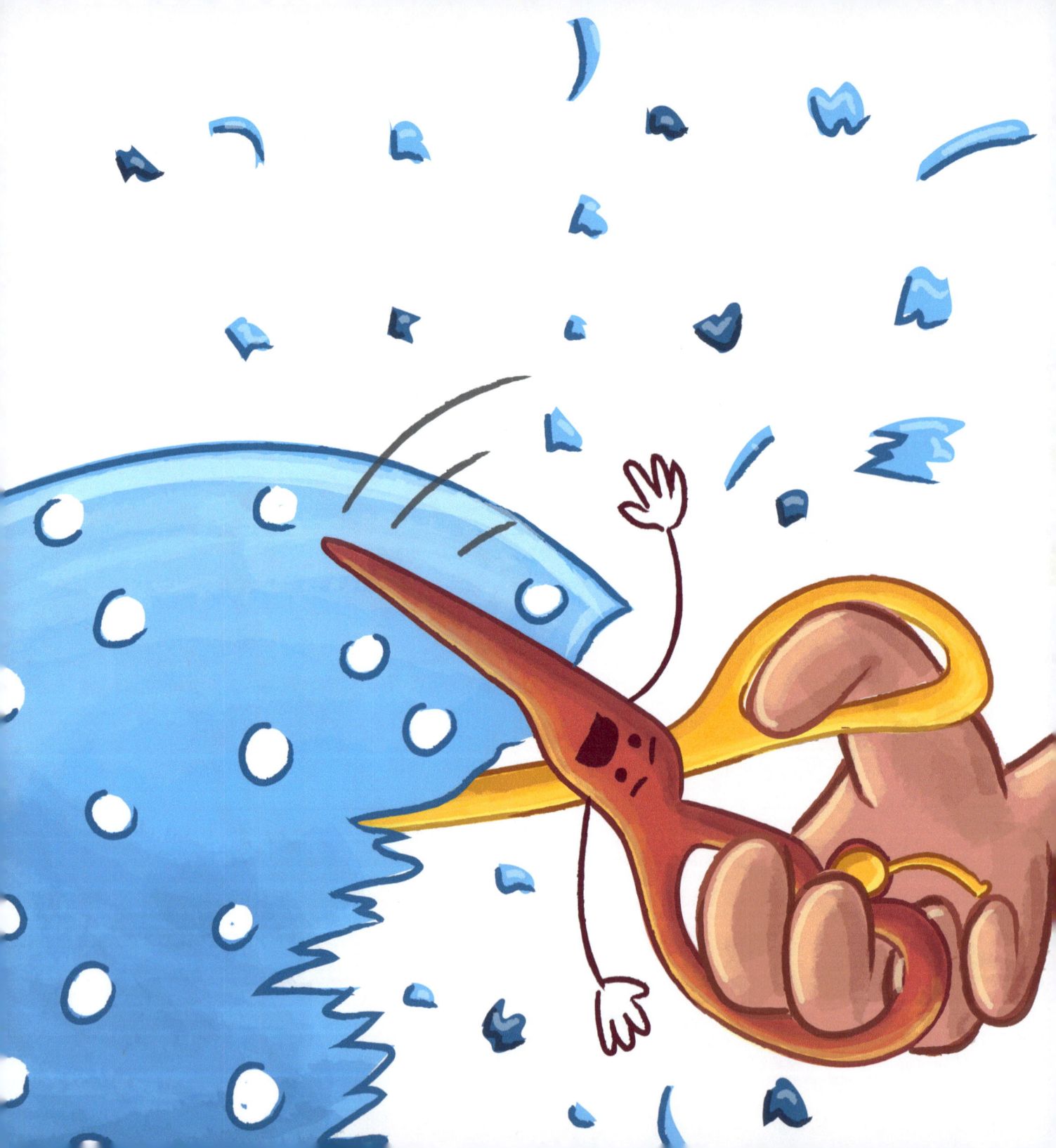

Nos usan para cortar su ropa,
O nos tiran al suelo,
O peor – que incluso nos utilizan para cortar
¡Y cortarles el pelo!

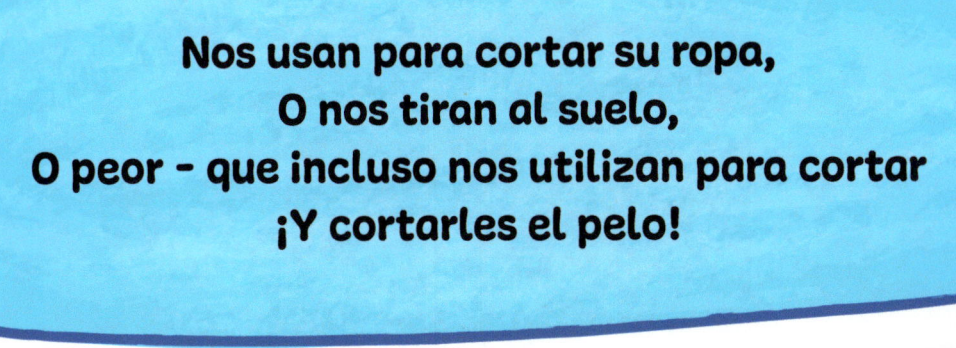

Doblan nuestras hojas por completo,
hasta que ya no podemos cortar.
Nuestras piernas de metal brillante
Son incapaces de cerrar.

Nos dejan fuera todo el día,
sin un segundo de cuidado.
Entonces, cuando nos buscan en el kit de suministros,
Pocas veces nos han encontrado.

**Nos tiran por ahí tan descuidadamente,
Como si a los niños no les importara en absoluto.
¿Puedes siquiera imaginar,
Cómo es sentirse tan pequeñito?**

Los niños tendrían que usar sus manos,
En lugar de cortar las cosas como les gustaría,
Porque ya no nos tendrían para usar.
¡Para nosotros, las tijeras, estaban en huelga!

Así que te puedes imaginar, cuando regresaron,
Los niños se sorprendieron,
Al encontrar sus tijeras de confianza
Desaparecieron cuando no las vieron.

Los otros estudiantes estuvieron de acuerdo.
Entonces, todos se reunieron,
Pluma y papel en mano,
Y una carta escribieron:

Por favor, perdónenos, tijeras.
Por favor, vuelvan por favor.
Les mostraremos respeto y cuidado.
Les ayudaremos a hacer su labor.

**Salimos de nuestro escondite,
Y explicamos por qué nos fuimos,
Cómo queríamos que nos trataran bien,
A todos y todas asistimos.**

www.ingramcontent.com/pod-product-compliance
Lightning Source LLC
Chambersburg PA
CBHW041710160426